Sumikkogurashi™

*Tokage no ochi ni asobi ni ikimashita.
Minna issho ni mori no naka de asobimashita.*

とかげ（本物）
とかげのともだち。
森でくらしている本物の
とかげ。細かいことは
気にしないのんきな性格。

きのこ
森でくらしているきのこ。
じつはカサが小さいのを
気にしていて大きいのを
かぶっている。

いつものすみっこで おすしの会。

むずかしさ
 かんたん

まちがいのかず
14

すみっコぐらし
おすしの会

ねこ
はずかしがりや。
体型を気にしているけど、
お魚に目がなく
つい食べすぎてしまう…。

ほこり
すみっこによくたまる。
ふわふわした
のうてんきなやつら。

すみっコのこと どのくらいわかるかな？

むずかしさ

　　むずかしい

ぺんぎん？
自分がぺんぎんかどうか自信がなく、自分さがし中。きゅうりが大好物。

ざっそう
あこがれのお花やさんで、ブーケにしてもらうという夢を持っている草。

北のうみには こおりが いっぱい。

むずかしさ  ふつう

ふろしき
しろくまのにもつ。
ばしょとりにつかわれる。

ふろしき（ボーダー）
ぺんぎん（本物）の
だいじなにもつ。
おみやげと思い出が、
いっぱいつまっている。

とかげのおうちは 森の中の大きな木。

むずかしさ

 かんたん

まちがいのかず

とかげ
じつはきょうりゅうのいきのこり。
とかげのふりをして、ひっそり
森の中の木のおうちでくらしている。

すずめ
ただのすずめ。
たまにとんかつを
ついばみにくる。

おへやのすみで たびきぶん。

むずかしさ　　　　　　　　　　　むずかしい

まちがいのかず
14

とんかつ〈旅スタイル〉
油っぽいから食べ残された
とんかつのはじっこ。
カメラがかり？

たぴおか
ミルクティーを先にのまれ、
のこされてしまった。
おいしくのんでもらいたい。

ぺんぎん(本物)が 旅のとちゅうでアイス屋さん。

むずかしさ

 ふつう

まちがいのかず 13

しろくま
お茶が大好きなしろくまは
抹茶アイスが一番の
お気に入り♪
さむがりだから暖かく
してから食べるよ。

ぺんぎん(本物)
全部自信作のアイスばかり
だけど…お気に入りは
ピーチ味!!
星の形の飾りをつけて
できあがり。

すみっコの おべんきょう。

むずかしさ  ふつう

にせつむり
じつはからを
かぶった、なめくじ。

おばけ
こわがられたくないおばけ。
そうじをしてくれる。

世界のすみっコをそうぞうしてわくわく。

むずかしさ

 むずかしい

まちがいのかず
14

すなやま
ピラミッドにあこがれている、
小さなすなやま。
「やま」のともだち。

やま
ふじさんに
あこがれている、
小さいやま。

すみっコ弁当 のこさず食べてね。

むずかしさ

 かんたん

えびふらいの しっぽ
あこがれの人気者、
たこウィンナーと
一緒のお弁当に
入りたいと思っている。

もぐら
地下のすみっこにひとりで
くらしていたもぐら。
上がさわがしくて
気になって出てきた。

まちがいさがしのこたえ

北のうみには こおりがいっぱい。

とかげのおうちに あそびにいきました。

とかげのおうちは 森の中の大きな木。

いつものすみっこで おすしの会。

おへやのすみで たびきぶん。

すみっコのこと どのくらいわかるかな？